Ha'u Gosta Ai-fuan

Hakerek-na'in: Mayra Walsh

Ilustrasaun husi John Robert Azuelo

Library For All Ltd.

Ha'u Gosta Ai-fuan

Publikasaun dahuluk 2021

Publikadu husi Library For All Ltd
Email: info@libraryforall.org
Website: libraryforall.org

Livru ida-ne'e bele prodús tanba simu suporta laran-luak husi Education
Cooperation Program.

Ilustrasaun husi John Robert Azuelo

Ha'u Gosta Ai-fuan
Walsh, Mayra
ISBN: 978-1-922591-07-4
SKU01925

Ha'u Gosta Ai-fuan

Ha'u gosta han hudi.

Ha'u gosta han haas.

Ha'u gosta han ai-dila.

Ha'u gosta han sabraka.

Ha'u gosta han nuu.

Ha'u gosta han ai-nanas.

Ha'u han ai-fuan sira hotu.

Ha'u bosu ona!

Ó bele uza pergunta hirak-ne'e hodi ko'alia kona-ba livru ne'e ho ó-nia família, belun sira no mestre sira.

Ó aprende saida husi livru ne'e?

Ho liafuan ida ka rua deskreve livru ne'e. Kómiku? Halo ta'uk? Halo kontente? Interesante?

Ó sente oinsá bainhira ó lee hotu tiha livru ne'e?

Parte ida ne'ebé mak ó gosta liuhosi livru ne'e?

Kona-ba kontribuidór sira

Library For All servisu hamutuk ho hakerek-na'in no artista sira husi mundu tomak atu dezenvolve istória ne'ebé relevante, kualidade di'ak no kona-ba tópiku oioin. Ami halo istória hirak-ne'e ba lee-na'in labarik no joven sira.

Vizita website libraryforall.org atu hetan informasaun atuál kona-ba ami-nia workshop ba hakerek-na'in, informasaun kona-ba oinsá atu submete livru ba publikasaun, no oportunidade kriativu seluk.

Ó gosta livru ne'e?

Ami iha istória orijinál atus ba atus ne'ebé ita bele lee.

Ami servisu hamutuk ho hakerek-na'in lokál sira, edukadór sira, konsellu kultura nian, Governu no ONG sira atu lori ksolok lee ba labarik sira iha fatin ne'ebé de'it.

Ó hatene?

Ami kria impaktu globál iha área hirak-ne'e tanba ami servisu tuir Objetivu Dezenvolvimentu Sustentavel Nasoens Unidas nian.

libr021foral.org

www.ingramcontent.com/pod-product-compliance
Lightning Source LLC
Chambersburg PA
CBHW040320050426
42452CB00018B/2937